Jenny

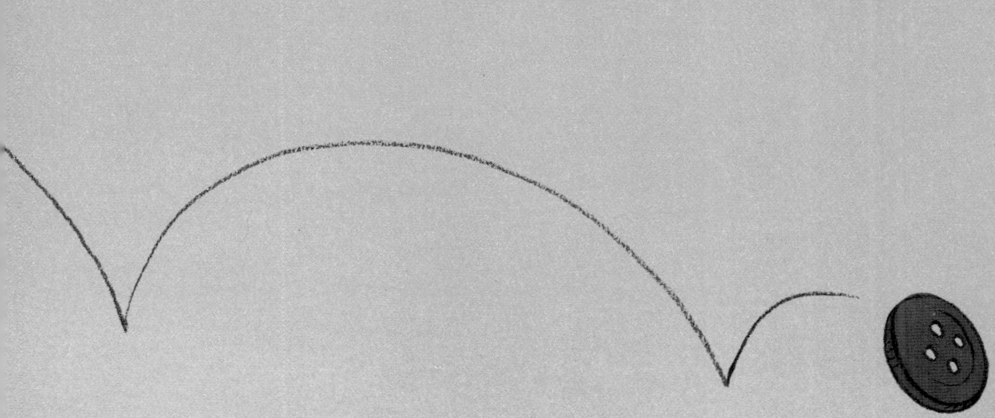

Redaktion: Larissa Leibrock

Anschrift: Postfach 10 03 25, 73703 Esslingen
www.esslinger-verlag.de

ISBN 978-3-480-22553-8

Rettet die Obstwiese!

Ruth Gellersen
Dorothea Tust

esslinger

Weitere Abenteuer mit Karla und Florentine:

„Wirbel um den Haustiertag" (Band 1)

ISBN 978-3-480-22475-3

„Ein unheimlicher Besuch" (Band 2)

ISBN 978-3-480-22476-0

„Das Monster im Badesee" (Band 4)

ISBN 978-3-480-22554-5

Kapitel 1

„Nichtsnutziger Ritter Willibald! Wo treibt Ihr Euch herum? Beeilt Euch, der Drache kommt immer näher!“ Königin Turiwunda rafft ihre Schleppe zusammen und stapft auf hochhackigen Schuhen durch das Gras.
„Ich werfe Euch in meinen Kerker, wenn mich der Drache beißt. Dann könnt Ihr Euch von allem verabschieden, was Euch lieb und teuer ist. Zum Beispiel vom Tageslicht.“
„Keine Angst, Hoheit“, keucht Ritter Willibald, „ich werde dem Drachen Angst und Schrecken einjagen.“
Er fuchtelt mit seinem Schwert herum und schiebt einen Zweig zur Seite. Der Zweig schnellt zurück und verpasst Willibald eine kräftige Ohrfeige.
„Stehenbleiben!“, befiehlt eine Stimme aus dem Apfelbaum. „Der Drache gehört zu mir.“

Entsetzt müssen die Königin und ihr Ritter mitansehen, wie sich ein Räuber aus dem Baum schwingt und direkt vor ihre Füße springt.
„Komm zu mir, treuer Gefährte“, ruft der Räuber den Drachen.
Doch der Drache ist spurlos verschwunden.
„So?“, flötet Königin Turiwunda. Die Fäuste in die Hüften gestemmt, durchbohrt sie ihren Widersacher mit giftigen Blicken.
„Dein treuer Gefährte hat sich wohl aus dem Staub gemacht …“

Jetzt schaut sich auch Ritter Willibald suchend um. „Mist!"
Verärgert wirft Björn sein Holzschwert ins Gras. „Wo ist Benno denn jetzt schon wieder? Am besten nehmen wir ihn an die Leine."
„Ein Drache an der Leine?", fragt Fine und zupft ihre Königinnenrobe zurecht.
„Das ist doch überhaupt nicht echt!"
„Besser als überhaupt kein Drache", schimpft Björn.
Bevor die beiden anfangen zu streiten, sagt Karla: „Benno ist auf dem Feld."
„Er verfolgt eine Spur", stöhnt Björn. „Hoffentlich sind da keine Rehe."
„Hinterher", ruft Karla und schwingt ihr Schwert. „Der Drache entkommt uns nicht!"
Im Zickzack rennt Benno über das Feld, die Nase dicht am Boden. Er bellt, als er bemerkt, dass Karla, Fine und Björn ihm folgen.
„Hierher, Benno!", brüllt Björn.

WUFF! Benno bellt noch einmal.
Er macht kehrt. Rast jedoch an ihnen vorbei, zurück zur Wiese mit den Obstbäumen, wo er im hohen Gras verschwindet.
BOING!
„Was war denn das?“, fragt Fine verblüfft.
„Keine Ahnung“, meint Björn. „Hat sich angehört, als ob …“
Da taucht Benno wieder auf. Er wedelt mit dem Schwanz und leckt Björn liebevoll über das Gesicht. Als hätte er ihn seit mindestens zwei Jahren nicht gesehen.
„Bäh, ich hab mich schon gewaschen“, wehrt sich Fine, als Benno auch sie anspringen will.
Karla hat sich inzwischen umgesehen.

„Ich glaube, Benno ist gegen das Schild hier gerannt“, vermutet sie. „Geht es ihm gut?“
Björn untersucht seinen Hund. Benno gibt ihm die Pfote und schleckt noch einmal über sein Gesicht.
„Alles okay“, sagt Björn erleichtert, „ihm fehlt nichts.“
„Das Schild hab ich noch nie gesehen“, meint Karla.
Einen Moment starren die drei auf die Schrift.
„Das kann nicht wahr sein“, sagt Karla schließlich fassungslos.
„Und jetzt?“, fragt Fine verzweifelt.
„Das können die nicht machen! Nicht mit unserer Wiese.“

Auch Björn lässt
den Kopf hängen.
„Hier wollten wir
doch unsere Ritterburg
aufbauen“, sagt er niedergeschlagen.
„Das ist der einzige Ort, an dem das geht.“
Karla holt einen Bleistift und einen alten
Kassenbon aus der Hosentasche.
„Uns fällt schon noch was ein“, sagt sie.
„Großes Räuberehrenwort!“
Dann schreibt sie alles ab, was auf
dem Schild steht.

Kapitel 2

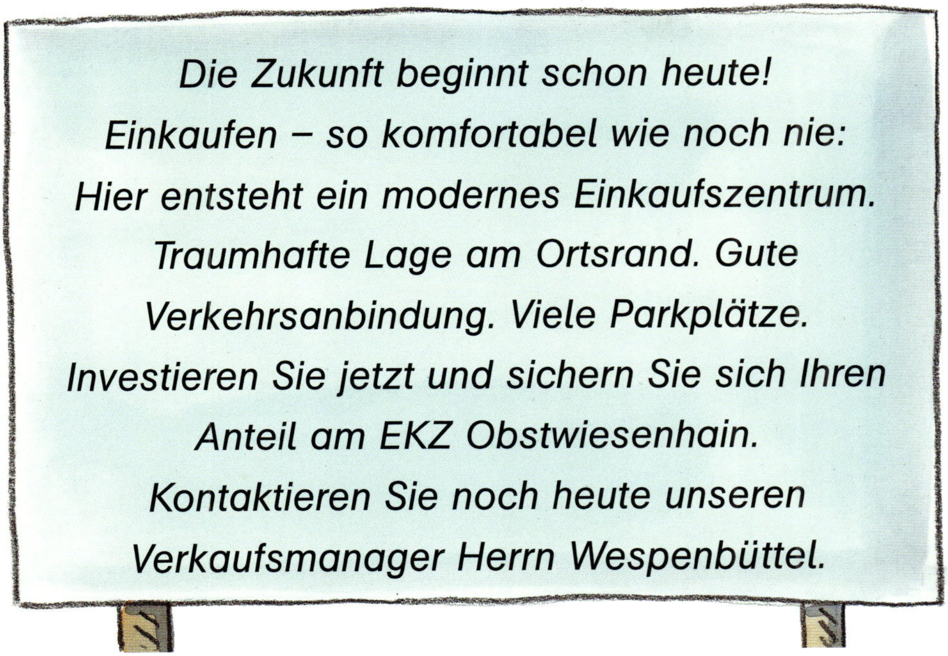

„Das stand auf dem Schild?“, fragt Florentine ungläubig, als Karla ihr später den zerknitterten Kassenbon zeigt. Karla nickt.
„Auf der Obstwiese am Stadtrand?“, fragt ihre Oma noch einmal.
Karla nickt wieder.
Abwesend streicht Florentine den Kassenbon glatt.

„Da habe ich auch schon als Kind gespielt“, erzählt sie. „Unter anderem mit dem Bürgermeister. Damals war er natürlich noch nicht Bürgermeister. Der würde das doch niemals zum Verkauf anbieten …“

Karla tippt auf den Kassenbon. Ihre Finger hinterlassen schwache Abdrücke auf dem Papier. „Am Feldrand haben wir noch ein zweites Schild entdeckt“, berichtet sie.

„Das Feld neben der Wiese soll auch verkauft werden.“

Florentine schüttelt den Kopf. „Udo lässt zu, dass dort ein Einkaufszentrum gebaut wird …?“

„Udo?“, fragt Karla.

„Na, der Bürgermeister“, antwortet Florentine. Sie rollt mit den Augen.

„Ausgerechnet dort!“, schimpft sie.

„Wir haben auf der Wiese Picknicks gemacht, uns Geschichten ausgedacht und Theater gespielt.“

Sie erzählt Karla von früher.
Karla kann es kaum glauben: Der dicke Bürgermeister war tatsächlich Romeo?
„Und ich hatte die Rolle der Julia", lacht Florentine. „So, jetzt ist aber Schlafenszeit."
Sie springt vom Sofa und schiebt Karla zur Tür.
„Morgen überlegen wir uns, wie wir die Obstwiese und das Feld retten."
Erleichtert rollt sich Karla wenig später in ihre Bettdecke ein.
„Großes Räuberehrenwort!", murmelt sie, dann fallen ihr die Augen zu.

Kapitel 3

„Ohayo gozaimasu“, sagt Mama, als Karla am nächsten Morgen verschlafen in die Küche kommt. Lächelnd verbeugt sie sich vor ihr. Dabei taucht sie den Ärmel ihres Bademantels in Karlas Kakaobecher. „Morgen“, antwortet Karla und reißt den Becher an sich. „Vorsicht, mein Kakao.“

„Huch“, ruft Mama. Sie sucht hektisch nach einem Lappen und verteilt Kakaotropfen auf Florentines Zeitung.

„Herrje, Katharina“, brummt Florentine und blättert die Seite um. Mama mustert Karla und Florentine. „Seid ihr gut gelaunt! Was ist los? Hattet ihr gestern keinen schönen Abend? Also, ich schon! Im Japanischkurs haben wir wieder jede Menge neuer Vokabeln gelernt. Zum Beispiel die Übersetzung von *Anrufbeantworter* ...“

Da bemerkt Mama die trüben Mienen von Karla und Florentine.

„Erzählt mal, was los ist“, sagt sie und setzt sich an den Küchentisch.

Karla schluckt.

In diesem Moment spaziert ihre Katze Pita in die Küche.

Anstatt wie sonst zu versuchen, von der Anrichte Essen zu stehlen, springt sie diesmal direkt auf Karlas Schoß. Schnurrend kuschelt sie sich an Karla.

Karla lächelt. Jetzt geht es ihr schon ein bisschen besser. Sie erzählt Mama, was sie gestern entdeckt hat. „Das ist schlimm“, sagt Mama. „Auf der Wiese habe ich früher auch gespielt. Aber so einfach kann da kein Einkaufszentrum errichtet werden. Dafür braucht man zuerst eine Baugenehmigung.“

„Auf jeden Fall fahre ich nach dem Frühstück ins Rathaus“, verkündet Florentine.
„Und knöpfe mir Udo vor. Ich überrede ihn, von seinem blödsinnigen Plan abzulassen. Das Einkaufszentrum kann auch woanders gebaut werden.“
„Ich komme mit“, ruft Karla und springt auf.
„Nein“, sagt Mama. „Du gehst in die Schule.“
„Außerdem rede ich besser erst einmal allein mit ihm“, meint Florentine.
„Von mir aus“, seufzt Karla. „Aber du erzählst mir heute Mittag alles!“
„Natürlich“, erwidert Florentine. „Wir treffen uns nach der Schule bei Kostas.“

Kapitel 4

Den ganzen Vormittag rutscht Karla unruhig auf ihrem Stuhl hin und her. Was Florentine wohl beim Bürgermeister erreicht hat? Auch Fine und Björn sind schon gespannt. Sobald die Schulglocke nach der letzten Stunde läutet, stürmen die drei zur Bushaltestelle. Sie springen in den ersten Bus, der in die Innenstadt fährt.

Die Haltestelle liegt ganz in der Nähe von Kostas Pourpoutidous griechischem Imbiss. „Da seid ihr ja“, begrüßt Florentine die drei. „Wie wäre es mit einem schönen Griechischen Salat?“, fragt Herr Pourpoutidou, der hinter ihr auftaucht. „Geht natürlich auf Kosten des Hauses.“ Während sich Karla, Fine und Björn auf den Salat stürzen, berichtet Florentine von ihrem Vormittag.

„Das war ein Reinfall“, erzählt sie. „Ich musste ewig warten, bis Udo aus einer Sitzung kam. Er hatte kaum Zeit für mich. Stur wie er ist, bleibt er bei dem Verkauf. Hat von der einzigartigen Lage und der guten Verkehrsanbindung gefaselt.

Das Einkaufszentrum soll unsere Stadt noch attraktiver machen und Besucher anlocken. Denn die Besucherzahlen in der Innenstadt gehen zurück. Und die Stadt bekommt Geld für den Verkauf des Grundstücks. Geld, das sie dringend benötigt."

„Dabei sollten Stadtrat und Bürgermeister uns unterstützen",

sagt Herr Pourpoutidou empört.

„Uns Ladenbesitzer in der Innenstadt."

„Genau", ruft der Kioskbesitzer von nebenan, der zufällig gerade hereinschaut.

„Kommt mal rüber und hört euch das an."

Er winkt die Besitzer der umliegenden Läden in den Imbiss.

„Die Stadt sollte besser die Ladenstraße stärken. Warum ein neues Einkaufszentrum bauen, wenn man die Innenstadt viel schöner machen könnte?"

„Jawohl!", brüllt Frau Petersen. Ihr gehört das Teegeschäft drei Häuser weiter. „Hier in der Innenstadt könnten Bänke aufgestellt und Blumen gepflanzt werden. Wenn man aus der Ladenstraße eine Fußgängerzone machen würde, kämen bestimmt noch mehr Läden dazu. Was sollen wir mit einem Einkaufszentrum am Stadtrand? Dann kaufen noch weniger Kunden bei uns und wir alle müssen bald unsere Geschäfte schließen!"

Karla schaut sich um:
Bei Herrn Pourpoutidou
drängen sich die Leute.

Alle rufen und gestikulieren wild durcheinander. Florentine klettert auf einen Stuhl.
„Alle mal herhören!“, ruft sie. „Das sind alles gute Gründe GEGEN das Einkaufszentrum und FÜR die Obstwiese. Was sagt ihr dazu: Wir wehren uns gemeinsam. Dann überzeugen wir den Bürgermeister und den Stadtrat bestimmt, statt des Einkaufszentrums die Innenstadt zu unterstützen.“

„Gute Idee“, finden alle. „So machen wir es!“

„Wie wäre es mit einer Demonstration durch die Stadt?“, fragt Florentine. „Bis vor das Rathaus.“

„Au ja!“, ruft Herr Pourpoutidou begeistert. „Wir demonstrieren. Und jetzt: Gyros und Zaziki für alle!“

„Eine Demonstration?“, fragt Mama später beim Abendessen. „Das ist nicht so einfach.“

„Warum nicht?“, fragt Karla.

„So etwas muss angemeldet werden“, erklärt Mama. „Ihr müsst die Strecke vorher festlegen. Alles muss sorgfältig organisiert sein.“

„Ach was“, sagt Florentine. „So groß wird das nicht. Wir verteilen ein paar Flugblätter und halten unsere Schilder hoch.“

„Na, da bin ich gespannt“, sagt Mama zweifelnd. „Ob das so einfach wird?“

Kapitel 5

Karla, Fine und Björn drängen sich durch die Menschenmenge. Zur Demonstration auf dem Marktplatz sind mehr Menschen gekommen als erwartet.
Karla hält ihr Schild nach oben.
Die Obstwiese soll Spielplatz bleiben! steht darauf geschrieben. Darunter hat Björn einen Totenkopf gemalt.
„Wieso einen Totenkopf?“, fragt Fine.
„Ein Apfelbaum passt viel besser.“
„Oder ein durchgestrichener Einkaufswagen“, meint Karla.
„Nee, das ist langweilig“, findet Björn.
„Es muss ein Totenkopf sein. Da guckt jeder gleich hin.“
„Und fragt sich, was der da soll?“, wendet Karla ein. „Sieht doch eher nach einer Warnung vor Gift aus.“

Björn gibt keine Antwort.
Er nimmt Karla das Schild aus der Hand
und marschiert weiter nach vorn.
Langsam setzt sich der Demonstrationszug
in Bewegung. Immer wieder rufen einzelne
Leute: „Kein Einkaufszentrum am Stadtrand!
Stärkt die Innenstadt! Die Innenstadt
muss Fußgängerzone werden!"

Schließlich erreicht der Zug das Rathaus. Frau Petersen hat eine Rede vorbereitet. Jemand reicht ihr ein Megafon. Damit stellt sie sich auf die Stufen, die zum Rathaus führen.

Karla, Fine und Björn hören nur mit halbem Ohr zu. Die Argumente gegen das Einkaufszentrum kennen sie längst. Gespannt beobachten sie die Fenster des Rathauses.

„Da hat sich etwas bewegt“, meint Karla und zeigt nach oben.

An einem Fenster wackelt eine Gardine.

„Das ist der Empfangssaal“, sagt Florentine, die hinter Karla steht. „Da oben ist das Büro vom Bürgermeister. Aber wer weiß, ob er sich überhaupt zeigt. So, wie ich ihn kenne, hat er bestimmt keine Lust auf Ärger."

„Doch, da ist er!", ruft Björn.

Alle schauen nach oben.

Auf dem Balkon über der Rathaustreppe ist der Bürgermeister aufgetaucht.

Als Frau Petersen ihre Rede beendet hat, hebt er die Hände.

„Liebe Mitbürger", sagt der Bürgermeister, „wie ich in meinem letzten Wahlkampf bereits angekündigt habe, sorge ich mich um das Wohl dieser Stadt. Dazu gehört auch, dass ich neue Betriebe anwerbe, die sich hier in der Stadt niederlassen."

„So ein Quatsch", sagt Florentine halblaut.

„Und das Einkaufszentrum bringt Geld in die leere Kasse", fährt der Bürgermeister fort.

„In welche Kasse denn? In unsere nicht!“, brüllt Herr Pourpoutidou. Vor lauter Aufregung hat er einen roten Kopf. „Wir werden noch weniger Kundschaft in der Ladenstraße haben.“
„Genau“, ruft der Kioskbesitzer. „Wir wollen, dass die Ladenstraße zur Fußgängerzone wird! Wir wollen eine schöne Bepflanzung. Dann stellt sich der wirtschaftliche Erfolg schon ein.“
Der Streit zwischen dem Bürgermeister und den Ladenbesitzern geht weiter.
„Guck mal, die Presse ist auch da“, sagt Florentine. „Das ist gut. Je mehr Leute davon erfahren, desto besser. Nichts geht über eine gute Berichterstattung.“
„Wo ist die Presse?“ Karla schaut sich suchend um.
Florentine zeigt auf eine Frau, die eifrig mitschreibt. An einem Trageriemen hängt ihr Aufnahmegerät.

„Bis jetzt reden alle nur über die Ladenbesitzer und niemand über die Obstwiese“, beschwert sich Karla. „Nirgendwo spielt man so toll wie dort.“ „Hast recht“, sagt Florentine. „Das erzählen wir Frau Huber von der Zeitung. Jetzt sind alle so aufgeregt, dass das untergeht. Bestimmt erinnern sich morgen viele Zeitungsleser daran, dass sie früher selbst auf der Wiese gespielt haben.“ Doch als sie sich zu Frau Huber umdrehen, ist die schon in der Menschenmenge verschwunden.

Im selben Augenblick hebt der Bürgermeister abwehrend die Hände. Zu spät.
Eine matschige Tomate fliegt auf ihn zu.

„OOH!“, rufen alle überrascht.
Auch der Bürgermeister guckt verwirrt.
Er wischt sich über das Hemd und schleudert die Tomatenreste auf den Boden.
Dann dreht er sich um und geht ins Rathaus.
Für einen Moment ist es still.

Dann reden alle aufgeregt durcheinander.
„Wer die Tomate geworfen hat, muss sich dafür bei unserem Bürgermeister entschuldigen!", brüllt Florentine.
Niemand will die Tomate geworfen haben.
„Ich war es nicht", ruft der Gemüsehändler, als alle ihn ansehen. „Ehrlich!"

Auf einmal steht eine Polizistin mit ihrem Kollegen vor Florentine und Herrn Pourpoutidou. „Haben Sie für ihre Demonstration eigentlich eine Genehmigung eingeholt?"
„Genehmigung?", fragt Florentine, als hätte sie noch nie davon gehört. „Wofür brauchen wir denn eine Genehmigung?"
Die Polizisten werfen ihr einen misstrauischen Blick zu.
„Eine Demonstration muss genehmigt werden", erklärt der Polizist.

„Ich glaube, das hat sich schon erledigt", sagt Florentine und zeigt auf den Rathausplatz. Inzwischen hat sich die Menge zerstreut.
„Na gut", sagt die Polizistin. „Ausnahmsweise drücken wir ein Auge zu."
Kaum sind die Polizisten verschwunden, brechen Karla und Florentine in lautes Gelächter aus.
„Mama hatte also doch recht", kichert Karla.
„Aber das müssen wir ihr nicht unter die Nase reiben", schmunzelt Florentine.

„Ob das nun geholfen hat?", fragt Karla, als sie kurz darauf alle zu Herrn Pourpoutidous Imbiss gehen.
„Mal sehen", sagt Florentine. „Immerhin haben wir viele gute Gründe gehört. Und der Bürgermeister hat gesehen, dass viele Leute gegen das Einkaufszentrum sind. Jetzt warten wir ab, was morgen in der Zeitung steht."

Kapitel 6

„Von wegen gelungene Demonstration“, sagt Mama beim Frühstück und breitet die Zeitung aus. „Bürgermeister verärgert, mit der Presse angelegt … Ich glaube, damit habt ihr eher das Gegenteil erreicht.“

Tätlicher Angriff bei Demonstration

Vor dem Rathaus fand gestern eine nicht genehmigte Demonstration statt. Dabei kam es zu einem hitzigen Streit zwischen Bürgermeister Udo Jansen und den zahlreichen Gegnern des Einkaufszentrums am Stadtrand. Auf dem Höhepunkt der Auseinandersetzung wurde der Bürgermeister von einem gefährlichen Wurfgeschoss getroffen! Der Bürgermeister brach daraufhin das Gespräch ab. Unter den Krawallmachern stach besonders eine stadtbekannte Schauspielerin heraus, die die Menge lautstark aufheizte. In einem Interview, das der Bürgermeister kurz nach dem Angriff gab, bekräftigte er den Entschluss, sich für das geplante Einkaufszentrum einzusetzen.

G. Huber

„Also“, sagt Florentine. „So war das ja nun nicht.“
Karla schüttelt den Kopf. „Das stimmt gar nicht, was die schreibt“, ruft sie empört.
Sie erzählt Mama, wie es wirklich gewesen ist.
„Hmm“, sagt Mama, „da hat diese Frau Huber ja ganz schön übertrieben. Und jetzt? Wie soll es weitergehen?“
Florentine und Karla schauen sich ratlos an.
„Das weiß ich noch nicht“, meint Florentine.
„Wir lassen uns schon etwas einfallen.“
Doch irgendwie klingt sie nicht so überzeugt wie sonst.
Mama sieht Karlas unglückliches Gesicht und versucht sie zu trösten.
„Wenigstens hast du heute frei“, sagt sie aufmunternd.
„Ja“, murmelt Karla. „Die Großen schreiben ihre Abschlussarbeiten.“
„Toll!“, ruft Florentine. „Was hast du heute vor?“

„Erst radle ich zu Papa in die Werkstatt", sagt Karla missmutig. „Und heute Nachmittag wollen Fine, Björn und ich noch mal zur Obstwiese. Es lohnt sich zwar nicht mehr, die Ritterburg zu bauen, aber naja … Solange wir da noch spielen können …"
Sie schiebt ihren Stuhl zurück und stellt den Frühstücksteller auf die Spüle.
Mama und Florentine wechseln einen besorgten Blick, als Karla nach draußen geht.

„Zieh dir eine neue Hose an“, bittet Mama sie noch. „Ich will Wäsche waschen, wenn ich aus dem Büro komme.“
Karla tut so, als hätte sie nichts gehört.
Auch noch ihre Lieblingsjeans ausziehen?
Kommt nicht in Frage! Karla beeilt sich.
Jetzt will sie so schnell wie möglich los.

Kapitel 7

An diesem Nachmittag kommt auf der Obstwiese keine rechte Stimmung auf. Königin Turiwunda ist noch ungnädiger als sonst. Immerzu schimpft sie: mit ihrem Ritter, mit dem Räuber und sogar mit dem Drachen. Ritter Willibald stolpert ständig über seine Füße. Auch der Räuber ist schlecht gelaunt. Und zu allem Überfluss muss der Drache die ganze Zeit angeleint bleiben.

„Das macht so keinen Spaß“, sagt Björn schließlich. „Außerdem brauche ich als Ritter unbedingt eine Burg.“

„Können wir die nicht bei uns im Garten aufbauen?“, schlägt Fine vor.

Karla tippt sich an die Stirn. „Spinnst du? So eine Burg muss in der Wildnis stehen. Doch nicht im Garten! Da können wir ja gleich in unseren Zimmern spielen.“

„Ist ja gut“, erwidert Fine beleidigt, „war nur eine Idee. Also los, spielen wir weiter. Aber diesmal ohne den Drachen! Ich falle dauernd über Bennos Leine.“

„Na schön. Fürs Erste brauchen wir keinen Drachen mehr“, sagt Björn und nimmt Benno die Leine ab. „Du bist frei. Kannst eine Pause machen.“ Begeistert streunt der Drache über die Wiese.

„Huhu! Dachte ich mir doch, dass ihr hier spielt“, ruft Florentine und lehnt ihr Fahrrad an einen Baum. „Katharina lässt fragen, ob wir heute Abend grillen wollen. Habt ihr Lust?“ Da piekst etwas Spitzes in ihre Hüfte. Florentine erstarrt.

„Wieso Spiel? Das ist bitterer Ernst, holde Jungfrau“, sagt Ritter Willibald. „Wie lautet das Losungswort?“

„Lakritze.“ Florentine räuspert sich und

wiederholt noch einmal mit kräftigerer Stimme: „Das Losungswort lautet Lakritze." Dabei zieht sie eine Tüte Lakritze aus der Tasche.

„In Ordnung, Ihr seid willkommen. Ich bringe Euch zu Königin Turiwunda."

Florentine nickt artig. Sie wickelt ihr Umschlagtuch wie einen Schleier um den Kopf und trippelt hinter Willibald her.

Als sie Königin Turiwunda erreicht, die in Begleitung des Räubers und seines Drachens Hof hält, wirft sie sich auf den Boden. Mit ausgestreckten Händen umfasst sie Fines Schuhe und kreischt:

„Lasst mich bei Euch bleiben! Ich will Eure Hofdame sein und Euch dienen."
Königin Turiwunda nickt ihr gnädig zu.
Florentine schluchzt in ihr Tuch und wälzt sich im Gras.
Doch da … fällt ihr Blick auf ein Paar blitzsauberer, blankpolierter Lederschuhe.
„Was ist das für ein Benehmen?", fragt eine tiefe Stimme. „Hast du Bauchschmerzen? Oder …?"
Hastig rappelt sich Florentine auf.
Karla guckt überrascht nach oben.
Vor ihnen stehen der Bürgermeister und ein Herr in einem schicken grauen Anzug mit einer ebenso schicken Aktentasche.
Benno schnuppert eifrig an seinen Beinen.
„Nicht Benno", zischt Björn. „Komm sofort her."
„Ich probe … äh, also, wir proben ein Theaterstück", sagt Florentine.

Sie wirft den Schleier nach hinten und baut sich vor den beiden Neuankömmlingen auf.
„Und was macht ihr hier?“, fragt sie.
„Gibt es einen Grund dafür, dass ihr euch so anschleicht, Udo?“
„Von Anschleichen kann keine Rede sein“, ereifert sich der Bürgermeister.
„Gewissermaßen ist das ja unser Grund und Boden.“
„Unser?“, fragt Florentine scharf.
„Soweit ICH weiß, gehört die Wiese immer noch der Stadt.“
Daran möchte der Bürgermeister nicht erinnert werden.
„Ja, natürlich, der Stadt“, gibt er eilig nach.
„Jedenfalls schauen wir uns gerade um.
Wir machen hier sozusagen eine Besichtigung.
Darf ich vorstellen: Das ist Herr Wespenbüttel.
Er kümmert sich um die Planung und Organisation des Einkaufszentrums.“

Herr Wespenbüttel nickt ihnen knapp zu, ohne ein Wort zu sagen.

Für einen Augenblick herrscht unbehagliches Schweigen. Dann nickt Herr Wespenbüttel dem Bürgermeister zu. Der wendet sich an Florentine und sagt: „Ja, gut, dann werden wir jetzt mal gehen. Haben hier auch alles gesehen. Schönen Abend noch.“ Die beiden stapfen über die Wiese davon. „Der Mann im Anzug hat kein Wort gesagt“, wundert sich Björn. „Ist vielleicht besser so“, murmelt Florentine und wirft den Männern noch einen wütenden Blick hinterher.

„Wie wäre es jetzt mit einem Grillwürstchen?“, versucht sie die Stimmung aufzuheitern.
Da saust ein kläffender Blitz an ihr vorbei.
„Oh nein“, stöhnt Björn. „Benno hat schon wieder eine Spur gewittert!“
Sie laufen hinter Benno her, der zwischen den Bäumen hindurch auf das Feld rast.
Emsig schnüffelnd bleibt Benno vor einigen Erdlöchern stehen, neben denen etwas Erde aufgetürmt ist.
„Was hat er da entdeckt?“, fragt Karla. „Einen Maulwurf oder einen Hasen?“

„Nein“, murmelt Florentine und beugt sich vor, „das ist kein Maulwurfshügel. Die sehen ganz anders aus.“
Jetzt läuft auch sie aufgeregt hin und her. „Da ist noch einer“, ruft sie. „Und hier auch.“
Benno wetzt begeistert hinter ihr her.

„Ist sie jetzt …?“, fragt Fine leise.
„Verrückt?“, meint Karla.
Sie zuckt mit
den Schultern.
„Möglich ist
alles.
Ich weiß nicht,
was mit ihr los ist.“
Florentine wirft
die Arme in die Luft und
strahlt. Hoppst auf einem
Bein herum.

Gibt erst Karla
einen kräftigen Kuss,
dann Fine.
Klopft Björn kräftig
auf den Rücken.
„Die Lösung unserer
Probleme!“,
jubelt Florentine.

„Was denn? Küssen?“, fragt Karla.
Björn schüttelt sich.
„Nein, nicht küssen“, lacht Florentine.
„Hamster!“

Kapitel 8

„Feldhamster stehen auf der Roten Liste gefährdeter Tiere“, erklärt Mama und stellt den Nudelsalat auf den Tisch.
„Was für eine Rote Liste?“, fragt Fine.
„Das sind Listen von Tieren und Pflanzen, die besonders geschützt werden müssen, weil sie so selten sind“, erklärt Florentine. Sie steht am Grill und dreht die Würstchen um. „Weltweit gibt es solche Roten Listen, auch bei uns.“
Sie schlägt sich an die Stirn. „Wie konnte ich das vergessen! Schon früher haben auf dem Feld die Hamster ihre Bauten in die Erde gegraben. Der Bauer hat sich darüber immer geärgert.“
„Sein Sohn nicht mehr“, lacht Mama. „Der hat extra einen Streifen vom Feld stehen lassen, damit die Feldhamster dort leben können.“

„Und Feldhamster können verhindern, dass das Einkaufszentrum gebaut wird?“, fragt Björn.

„Das ist schon vorgekommen“, sagt Mama. „Manchmal werden die Hamster auch auf eine neue Fläche umgesiedelt. Aber das kann dauern und die Bauplanung für einige Jahre verzögern. Und es ist auch nicht sicher, ob sich die Hamster in ihrem neuen Gebiet wohlfühlen und es annehmen. Das Gebiet muss groß genug sein, dass alle Feldhamster ausreichend Platz für neue Bauten haben.

Denn Hamster sind Einzelgänger."
„Und nun?", will Karla wissen. „Fahren wir gleich zum Bürgermeister und erzählen ihm von den Feldhamstern?"
„Morgen gehe ich zum Umweltbeauftragten der Stadt", sagt Florentine. „Und dem melde ich unsere Entdeckung."
„Was macht denn der Umweltbeauftragte?", fragt Björn.
„Der prüft nach, ob tatsächlich Feldhamster dort leben", sagt Mama. „Und ob ihre Bauten noch bewohnt sind. Feldhamster sind sehr scheu und vor allem in der Dämmerung und nachts aktiv. Sicher werden noch Experten hinzugezogen, die bestätigen, dass es sich wirklich um Feldhamster handelt."
„Und dann wollen wir mal sehen, was der Bürgermeister dazu sagt", ergänzt Florentine.
„Hoffentlich mag der Feldhamster", murmelt Karla.

Kapitel 9

„Psst, leise“, zischt Karla. „Und drängelt nicht so.“

„Ich drängel gar nicht“, beschwert sich Fine. „Das ist Björn.“

„Macht schnell“, drängt Björn, „bevor noch jemand kommt.“

Eilig huschen die drei über den Flur.

Vor der letzten Tür bleiben sie stehen.

„Hoffentlich ist nicht abgeschlossen“, sagt Karla. „Dann haben wir ein Problem. Dann ist es nämlich Einbruch.“

„Aber ist es nicht auch Einbruch, wenn wir einfach so hineingehen?“, fragt Fine besorgt. „Da dürfen wir doch eigentlich gar nicht rein.“

„Ach was, das ist kein Einbruch, sondern ein Besuch“, behauptet Karla. „Genau: Wir besuchen den Raum. Und weil die Tür nicht abgeschlossen ist, sind wir auch eingeladen.“

„Na, ich weiß nicht“, zweifelt Fine.
Doch in dem Moment schiebt Karla die Tür auf. Schnell huschen die drei hindurch.
In der großen Abstellkammer neben dem Lehrerzimmer ist es warm und stickig.
Durch die schmutzigen Fensterscheiben dringt gedämpftes Licht.

„Puuh! Hier stinkt's", meint Björn.
„Das kommt bestimmt von denen da", sagt Karla und zeigt auf die ausgestopften Tiere, die in den Regalen stehen. Die meisten sind mit einer dicken Schicht Staub bedeckt.
„Eichhörnchen. Mäuse. Da ist sogar eine Schildkröte", sagt Fine.
„Die brauchen wir aber nicht", antwortet Karla. Suchend gehen sie zwischen den Regalen entlang.
„Was wir suchen, gibt es hier nicht", meint Björn schließlich.
„Und gleich ist die Pause zu Ende", sagt Fine

nach einem Blick auf die Uhr.
Aber Karla will noch nicht aufgeben.
„Das Brett da oben hatten wir noch nicht."
Sie stellt einen Hocker vor das wacklige Regal.
Fine hustet, als Karla mit dem Ärmel einige Wollflusen herunterwischt.
„Ist da noch was Interessantes?", fragt sie neugierig.
Karla antwortet nicht.
Verbissen schiebt sie kaputte Reagenzgläser und einen Stapel zerfledderter Bücher zur Seite. Und dann ...

„Ich hab's gewusst!", ruft Karla. „Da ist er!"
Sie zieht eine unförmige Gestalt nach vorn.
„Tatsache", staunt Björn. „Wir haben ihn gefunden."

„Cricetus cricetus", liest Karla stockend vor.
„Ein echter Feldhamster! Den nehmen wir mit."
„Und was wollt ihr mit dem Hamster machen?"
Erschrocken fahren Karla, Fine und Björn herum.

Ihre Klassenlehrerin steht vor ihnen und schaut sie streng an.
„Ihr wisst doch, dass ihr hier nichts verloren habt."
„Ja, äh", stottert Karla, „also es war so. Die Tür ..."
„War offen", ergänzt Björn. „Und da wollten wir mal gucken ..."
„Genau", sagt Fine, „wir wollten bloß mal gucken ..."

„Ob ihr unseren Feldhamster entführen könnt?“, fragt Frau Pfeifer. Sie nimmt Karla den ausgestopften Hamster weg und streicht behutsam die Staubschicht vom Fell.

„Und wozu braucht ihr ihn?“, fragt sie.
„Soweit ich weiß, haben wir Feldhamster noch gar nicht durchgenommen.“
„Wir wollten ihn nur kurz ausleihen“, sagt Karla. „Wir bringen ihn auch wieder zurück.“
„Wann?“, fragt Frau Pfeifer.

„In ein paar Tagen“, antwortet Björn. „Ehrlich, wir brauchen ihn nur für ein paar Tage.“

„Ist der Feldhamster von hier?“, fragt Karla schnell, als Frau Pfeifer nicht gleich Nein sagt.

„Ja. Soweit ich weiß, siedelten hier schon vor vielen Jahren Feldhamster“, erzählt Frau Pfeifer. „Jeder in seinem Bau, denn Hamster bleiben gern für sich. Wenn sie zu nah beieinander sind, kommt es schnell zu Raufereien. Die Nachfahren dieses Burschen hier leben, glaube ich, immer noch in der Gegend. In den Getreidefeldern finden sie genügend Nahrung und der Boden eignet sich gut, um Gänge darin zu graben.“

Karla wechselt einen kurzen Blick mit Fine und Björn. Dieser ausgestopfte Feldhamster ist genau das, was sie brauchen.

„Dürfen wir ihn ausleihen?“, bittet sie. „Ausnahmsweise?“

Frau Pfeifer überlegt einen Augenblick.
„Na gut“, sagt sie schließlich und drückt Karla den Hamster wieder in die Hand.
„Ihr dürft ihn mitnehmen. Aber nur für eine Woche. Und nur, wenn ihr ihn unbeschädigt wieder zurückbringt. Und das nächste Mal fragt ihr vorher.“
Erleichtert versprechen Karla, Fine und Björn hoch und heilig, sorgfältig mit dem Hamster umzugehen.
Vorsichtig steckt Karla den ausgestopften Feldhamster in eine Stofftasche.

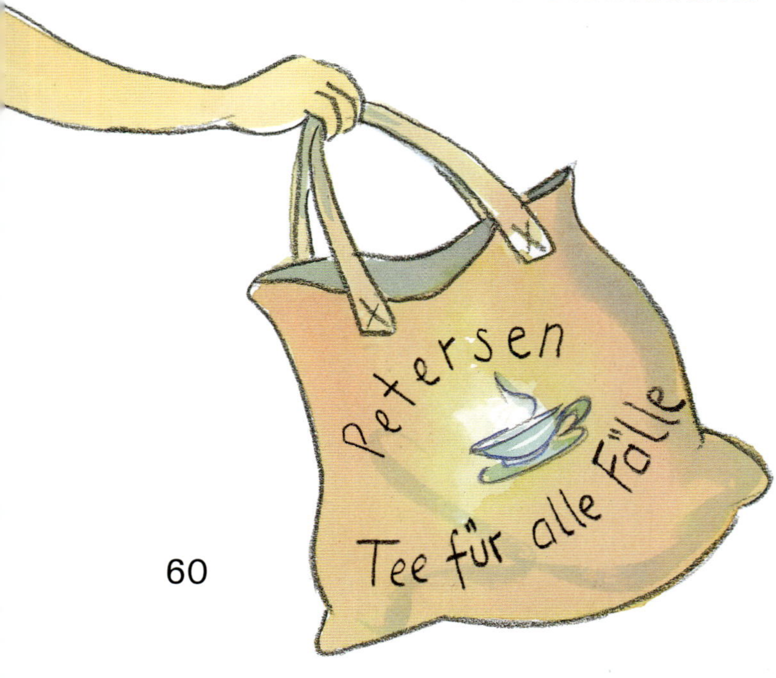

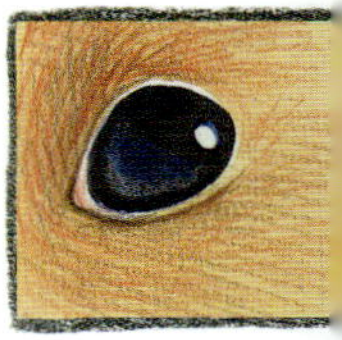

Kapitel 10

Die nächsten drei Tage laufen Karla, Fine und Björn durch die Geschäfte und Straßen in der Innenstadt. Sie zeigen allen den ausgestopften Feldhamster und erzählen von der Obstwiese und dem Einkaufszentrum. „Ich glaube, das bringt so nichts“, stöhnt Karla, als sich schon wieder eine Kundin angewidert abwendet. Der Ladenbesitzer wirft ihnen einen empörten Blick zu.

„Ausgestopft finden die Leute den Hamster einfach gruselig“, nickt Fine. „Und was jetzt?“
„Wir brauchen einen lebendigen Hamster“, meint Björn. „Aber woher bekommen wir den?“

„Bereit für den letzten Schritt der Operation Feldhamster?“, fragt Karla kurze Zeit später.
Fine und Björn nicken.
„Gut“, sagt Karla und drückt auf den Klingelknopf.
Im selben Moment wird die Tür aufgerissen.
„Was macht ihr denn hier?“, fragt Paul überrascht.
„Wir wollen uns was ausleihen“, sagt Björn und schiebt sich an Paul vorbei ins Haus.
„Am besten gehen wir in dein Zimmer.
Da ist doch auch dein Hamster.“
„Jaaa“, meint Paul misstrauisch und geht voran. „Und?“

„Wir wollen uns den Hamster ausleihen“, meint Karla.
Paul springt vor den Käfig und breitet schützend die Arme aus.

„Niemals“, ruft er empört. „Ich verleihe meinen Hamster nicht.“
„Aber es geht um eine gute Sache“, sagt Karla. „Wir wollen die Obstwiese retten. Besser gesagt: Die Feldhamster müssen die Obstwiese retten.“

„Und was hat das mit meinem Hamster zu tun?“, fragt Paul.
„Wir wollen allen zeigen, dass Hamster süß sind“, erklärt Karla. „Die wohnen nämlich genau da, wo das Einkaufszentrum hin soll.“ Sie zieht den ausgestopften Feldhamster aus ihrer Sporttasche und hält ihn Paul unter die Nase.
„Der ist viel größer als meiner“, sagt Paul. Jetzt öffnet er doch den Käfig und greift in ein Büschel Heu. Vorsichtig holt er eine kleine goldgelbe Kugel heraus.
„Außerdem habe ich einen Goldhamster. Keinen Feldhamster“, sagt er. „Guckt mal, der ist viel kleiner und heller als eurer.“
„Und viel süßer“, sagt Fine. „Und vor allem: Viel lebendiger.“
„Genau“, meint Karla, „und darauf kommt es an. Die meisten Leute finden tote Hamster eklig.“

„Warum hängt ihr dann keine Plakate auf?“, fragt Paul. Er drückt seinen Hamster fest an die Brust. „Oder Fotos?“
„Haben wir doch schon“, sagt Björn. „Sogar mit kleinen Zetteln zum Abreißen mit unseren Telefonnummern drauf. Damit die Leute anrufen können und uns über Feldhamster ausfragen können.“
„Hat aber nicht funktioniert“, bedauert Fine. „Leider hat niemand angerufen.“
„Und morgen ist ein total wichtiges Gespräch“, fährt Karla fort.
„Morgen gehen wir mit Florentine zum Bürgermeister. Und dafür brauchen wir deinen Hamster. Denn vielleicht findet der Bürgermeister den ausgestopften Hamster auch eklig.

Und dann wird er sich erst recht nicht dafür einsetzen, dass die Hamster gerettet werden. Deshalb wollen wir ihm einen lebendigen, niedlichen Hamster zeigen. So wie deinen."

„Niedlich ist er wirklich", sagt Paul stolz und streichelt seinen Hamster.

„Also gut. Aber nur, wenn ihr ganz vorsichtig seid. Und ich bringe ihn selbst zum Rathaus und warte dann, bis ich ihn wieder mitnehmen kann."

„Abgemacht", verspricht Karla.

Kapitel 11

Feldhamster bedrohen Bau des Einkaufszentrums

Die kleinen Nager wurden auf dem Feld gesichtet, das zusammen mit der Obstwiese für den Bau des Einkaufszentrums vorgesehen war. Das Einkaufszentrum ist stark umstritten (wir berichteten). Die Prüfung der Experten hat ergeben, dass es sich tatsächlich um Feldhamster handelt. Wie der Bürgermeister in einer kurzen Stellungnahme mitteilte, hält er vorerst weiterhin an den Plänen für das Einkaufszentrum fest. Noch ist allerdings unklar, was dann für den Schutz der Feldhamster getan wird.

G. Huber

„HUCH!“ Der Bürgermeister sieht erschrocken von seinem Computer auf. „Was ist denn das? Nehmt sofort das stinkende Ding hier weg.“

„Der Käfig ist frisch geputzt“, ruft Karla und schiebt ihn über den Schreibtisch, noch etwas näher an den Bürgermeister heran.
„Und was ist da drin?“, fragt der Bürgermeister genervt.
„Das ist ein Hamster“, erklärt Florentine.
„Pauls Hamster“, sagt Fine. „Er hat ihn uns extra geliehen.“

Björn schiebt das Heu zur Seite.
Drinnen rollt sich eine kleine pelzige Kugel zusammen.
Misstrauisch schaut der Bürgermeister in den Käfig.
„Was ist denn hier los?“, fragt Frau Huber, die auf einmal in der Tür steht. „Das ist ja eine schöne Versammlung! Eigentlich wollte ich beim Bürgermeister nachfragen, ob es Neuigkeiten in Sachen Einkaufszentrum gibt.“
„Nein, es gibt noch nichts Neues“, schimpft der Bürgermeister. „Und ich verstehe auch nicht, was das ganze Theater hier soll.
Ihr könnt doch nicht einfach einen Hamster ins Rathaus schleppen! Das hilft uns auch nicht weiter. Das Problem bleibt bestehen:
Die Stadt braucht dringend Geld. Zum Beispiel für neue Spielplätze.“
„Aber wir haben doch schon einen Spielplatz“, protestiert Karla.

„Und Geld für Schulen, Kindergärten, Straßen“, fährt der Bürgermeister fort. „Das bekommen wir von den Feldhamstern nämlich nicht.“
„Aber sie können auch nichts dafür, dass die Stadt kein Geld hat“, sagt Florentine. „Die wollen schließlich auch leben!“
Björn nimmt den Hamster vorsichtig aus seinem Nest und setzt ihn auf die Hand des Bürgermeisters. Der Hamster öffnet ein Knopfauge und gähnt herzhaft.
„Das ist ein Goldhamster“, erklärt Karla. „Die sehen so ähnlich aus wie Feldhamster,

nur sind sie viel kleiner. Wir wollten Ihnen mal zeigen, wie süß Hamster eigentlich sind."
Abwehrend schaut der Bürgermeister auf den Hamster. „Das ist wirklich reizend von euch, Kinder. Aber jetzt muss ich weiter..."
In diesem Moment klingelt das Telefon.
Der Bürgermeister hebt ab.
Mit der einen Hand. Die andere mit dem Hamster streckt er weit aus.
Der Hamster macht aber keine Anstalten zu verschwinden.
Im Gegenteil: Er schläft einfach weiter.

Der Bürgermeister hört der Stimme am anderen Ende der Leitung zu.
So sehr Karla sich auch bemüht, sie versteht nicht, was gesagt wird. Der Bürgermeister grunzt nur, sagt ab und zu „ja“ und legt mit einem „bedauerlich“ den Hörer wieder auf.
Alle starren ihn neugierig an.
Der Bürgermeister seufzt. „Das war Herr Wespenbüttel“, sagt er. „Wir setzen uns heute Nachmittag zusammen.“
„Und dann?“, fragt Karla hoffnungsvoll.
„Dann sehen wir weiter“, sagt der Bürgermeister. „Das heißt noch lange nicht, dass der Bau vom Tisch ist.“
Frau Huber schaut ihn forschend an.
„Aber es gibt Schwierigkeiten“, stellt sie fest.
„Ja“, gibt der Bürgermeister widerstrebend zu.
Dann reicht er Florentine entschlossen den leise schnarchenden Hamster.
„So, wenn ihr mich bitte entschuldigen würdet.

Ich muss jetzt nämlich weiterarbeiten."
„Ja, ja, wir gehen ja schon", sagt Florentine.
„Aber du hältst uns doch auf dem Laufenden?"
Wieder seufzt der Bürgermeister.
„Ja, versprochen", sagt er widerstrebend.
Florentine kann er so leicht nichts abschlagen. Karla ist trotzdem enttäuscht.
Traurig schleicht sie hinter den anderen aus dem Zimmer.

„Und was machen wir jetzt?“, fragt Karla. „Abwarten und Tee trinken“, antwortet Florentine. „Und was mich betrifft: ein großes Stück Schwarzwälder Kirschtorte essen. Kommt, ich lade euch alle ein. Das bringt uns vielleicht auf andere Gedanken.“

Am Abend liegt Karla noch lange wach im Bett. Ruhelos wälzt sie sich hin und her. Ob sich die Planer des Einkaufszentrums durchsetzen? Was wird dann aus den Hamstern?
Als Karla schließlich doch noch einschläft, träumt sie von einem riesigen Feldhamster. Er beugt sich über sie und schaut sie aus seinen Knopfaugen – groß wie Kuchenteller – vorwurfsvoll an ...

Kapitel 12

Am nächsten Morgen wacht Karla von einem Knistern auf.
Als sie die Augen öffnet, ist es noch dunkel im Zimmer. „Was ist los?“, fragt sie verschlafen.
Florentine beugt sich mit der ausgebreiteten Zeitung über das Bett. Als sie die Zeitung wegnimmt, wird es gleich heller.
„Gute Nachrichten“, sagt Florentine fröhlich.
„Hör mal zu.“
Sie liest Karla aus der Zeitung vor.

Feldhamster verhindern Einkaufszentrum

Das Einkaufszentrum am Stadtrand wird nicht gebaut. Wie gestern vermeldet wurde, hat sich der Betreiber überraschend zurückgezogen. Denn nach heftigen Protesten verzögert nun auch das Auftauchen einer vom Aussterben bedrohten Tierart (Feldhamster) den Bau. Das Einkaufszentrum soll jetzt in der 80 km entfernt liegenden Kreisstadt errichtet werden. Aus sicherer Quelle wird bestätigt, dass der Bürgermeister sich nun mit den Ladenbesitzern der Innenstadt zusammensetzen will. In dem Gespräch soll es um die Neugestaltung der Ladenstraße gehen und nach neuen Fördermöglichkeiten gesucht werden. Die niedlichen Feldhamster – und somit auch die Gegner des Einkaufszentrums – haben gewonnen!

G. Huber

„Hurra!“, jubelt Karla. Jetzt ist sie hellwach. „Wir haben es geschafft!“

„Das Einkaufszentrum ist also endgültig vom Tisch. Aus. Finito!“, meint Florentine begeistert.

„Das ist ja gerade noch gut gegangen“, sagt Mama, die hinter Florentine aufgetaucht ist.

„Ja, vor allem für die Feldhamster“, lacht Florentine. „Und für die Ladenbesitzer natürlich auch …“
„Und für uns“, ruft Karla. „Aber jetzt muss ich mich beeilen. Heute wird nämlich noch eine Ritterburg gebaut!“